BEI GRIN MACHT SICH IHR WISSEN BEZAHLT

AF136262

- Wir veröffentlichen Ihre Hausarbeit, Bachelor- und Masterarbeit

- Ihr eigenes eBook und Buch - weltweit in allen wichtigen Shops

- Verdienen Sie an jedem Verkauf

Jetzt bei www.GRIN.com hochladen und kostenlos publizieren

Sebastian Goetzke

Unterrichtsstunde: Terrorism – a global threat?

„The USA Patriot Act" – ein Lerntempo-Duett

GRIN Verlag

Bibliografische Information der Deutschen Nationalbibliothek:

Die Deutsche Bibliothek verzeichnet diese Publikation in der Deutschen National-
bibliografie; detaillierte bibliografische Daten sind im Internet über http://dnb.d-
nb.de/ abrufbar.

Dieses Werk sowie alle darin enthaltenen einzelnen Beiträge und Abbildungen
sind urheberrechtlich geschützt. Jede Verwertung, die nicht ausdrücklich vom
Urheberrechtsschutz zugelassen ist, bedarf der vorherigen Zustimmung des Verla-
ges. Das gilt insbesondere für Vervielfältigungen, Bearbeitungen, Übersetzungen,
Mikroverfilmungen, Auswertungen durch Datenbanken und für die Einspeicherung
und Verarbeitung in elektronische Systeme. Alle Rechte, auch die des auszugsweisen
Nachdrucks, der fotomechanischen Wiedergabe (einschließlich Mikrokopie) sowie
der Auswertung durch Datenbanken oder ähnliche Einrichtungen, vorbehalten.

Impressum:

Copyright © 2007 GRIN Verlag GmbH
Druck und Bindung: Books on Demand GmbH, Norderstedt Germany
ISBN: 978-3-640-18798-0

Dieses Buch bei GRIN:

http://www.grin.com/de/e-book/116251/unterrichtsstunde-terrorism-a-global-
threat

GRIN - Your knowledge has value

Der GRIN Verlag publiziert seit 1998 wissenschaftliche Arbeiten von Studenten, Hochschullehrern und anderen Akademikern als eBook und gedrucktes Buch. Die Verlagswebsite www.grin.com ist die ideale Plattform zur Veröffentlichung von Hausarbeiten, Abschlussarbeiten, wissenschaftlichen Aufsätzen, Dissertationen und Fachbüchern.

Besuchen Sie uns im Internet:

http://www.grin.com/

http://www.facebook.com/grincom

http://www.twitter.com/grin_com

4.Unterrichtsbesuch im Fach Englisch

Referendar: Sebastian B. Goetzke
Ausbildungsschule: Gymnasium
Schulleiterin:

Fachseminarleiterin:
Hauptseminarleiterin:
Ausbildungskoordinatorinnen:
Ausbildungslehrer: BDU
Datum: 19.09.2007
Uhrzeit: 08:50 – 09:35
Klasse: GK 11
Raum: C 203

Thema der Unterrichtsreihe: Terrorism – A Global threat?

Thema der Unterrichtsstunde: „The USA Patriot Act" – ein Lerntempo-Duett

1. Ziele der Unterrichtsstunde

Kernziel der Stunde

Die SUS erweitern ihre Kommunikationsfähigkeit, indem sie den Text „The USA Patriot Act" arbeitsteilig als Lerntempo-Duett bearbeiten und die Methode anschließend im Plenum reflektieren.

Sprachliches Lernen

Die SUS erweitern ihre Kommunikationsfähigkeit, indem sie die Inhalte eines Textabschnittes visualisieren, einem Partner präsentieren und dessen Erläuterungen zuhören.

Methodisches Lernen

Die SUS erweitern ihre Methodenkompetenz, indem sie ein Lerntempo-Duett durchführen und diese Methode reflektieren.

2. Einordnung der Stunde in die Unterrichtsreihe

Die vorliegende Stunde bettet sich in das letzte Drittel der Auseinanersetzung mit dem Thema „Terrorism". Die SUS haben in den vergangenen Stunden und in der Klausur über Themen wie „Suicide attacks in Israel", „Interpretations of the Qur'an" und verschiedene Statements von Politikern wie G.Bush und K.Annan diskutiert und schriftliche Stellungnahmen erarbeitet. Ziel war es, neben der inhaltlichen Komponente, die SUS mit, für sie zum Teil neuen, Arbeits-Methoden zu konfrontieren. Dies haben die SUS sehr positiv aufgenommen.

Hier setzt die heutige Stunde an. Die SUS werden an eine neue Methode des Lesens und Verstehens eines Textes herangeführt, das „Lerntempo-Duett". Bekannt ist dies bereits in Ansätzen aus der vorherigen Stunde, ohne das die SUS einen kompletten Durchlauf durch die Methode erfahren konnten, da die Texte zu lang waren. Der komplette Durchlauf mit kürzeren Texten und die Reflektion dieser Methode stehen daher im Vordergrund der heutigen Stunde. Inhaltlich knüpft die Auseinandersetzung mit dem „USA Patriot Act" an eine Rede von G.Bush an, über die die SUS vor der Klausur letzte Woche gesprochen haben.

In den folgenden Stunden soll das Thena „Terrorism" beendet werden, die neu erlernte Methode aber aufgegriffen und weiter verwendet werden, was Konsequenzen für die Sicherung und Reflektion in der heutigen Stunde hat.

3. Bemerkungen zur Lerngruppe

Ich unterrichte den GK 11 im Rahmen meines BDU seit Beginn des Schuljahres. Der überwiegende Teil der SUS (12 Jungen, 12 Mädchen) steht dem Englisch-Unterricht positiv und aufgeschlossen gegenüber. Dies äußert sich in guter, differenzierter mündlicher Mitarbeit, sowie guten schriftlichen Ergebnissen. Ein Schüler von der Hauptschule, sowie drei bis vier Wechsler von anderen weiterführenden Schulen haben gelegentlich Hemmungen, sich ausreichend in das Klassengespräch einzubringen. Diesen SUS möchte ich vor allem durch Methodenwechsel Anreize zum vermehrten Gebrauch der englischen Sprach machen. Im Verlauf des Kurses gelang mir dies bislang vor allem durch Etablierung von Gruppen und Partnerarbeit. Die SUS sind mit diesen Methoden vertraut und aktzeptieren auch neue Ideen und Versuche.

Ich habe das Thema „Terrorism" als Einstieg in Verabredung mit den SUS ausgewählt, weil ich mir davon einen starken Aufforderungscharakter für die ersten Wochen erhofft habe. Dies ist eingetreten und ich konnte bei den SUS reges Interesse und gesteigerte Motivation beobachten.

Problematisch könnte in der heutigen Stunde ein zu großer Unterschied der Lern-Tempi einzelner SUS sein, bedingt durch die angesprochene schulische Sozialisation vor der 11.

4. Didaktisch-Methodischer Kommentar

Die heutige Stunde hat ihren Schwerpunkt in der Aneignung und Reflexion der Methode „Lerntempo-Duett". „Das Lerntempo-Duett" vereint dabei zwei wesentliche Forderungen des Lehrplans an den gymnasialen Oberstufenunterricht. Kurzgefasst geht es dabei um die „Verantwortung für den eigenen Lernprozess in Zusammenarbeit mit anderen" und die „Aktivierung von Vorwissen"[1]

Die Bedeutung des Vorwissens und dessen Aktivierung steht im Zentrum der Methode. Um den SUS meiner Lerngruppe dieses zu erleichtern, habe ich bewußt einen kurzen, aber komplizierten Text ausgewählt. Die SUS werden nachvollziehen, dass die Visualisierung und Präsentation der Inhalte und das gegenseitige Zuhörern für ein tieferes Verständnis des Textes sorgt. Dieses Ergebnis soll anschließend von den SUS in einer Reflektion erarbeitet werden, um die Grundlage für die Aktzeptanz dieser Methode zu legen. Die Verantwortung für den eigenen Lernprozess wird nicht nur

---

[1] MSWF NRW [Hrsg.]. "Richtlinien und Lehrpläne für die Sekundarstufe II in NRW – Gymnasium/Gesamtschule - Englisch". Ritterbach-Verlag, 1999, S.41+42

durch die Methode geübt, sondern auch durch das bewußte „Ausschalten" des Lehrers während der Arbeitsphase.

Der Verantwortung für den eigenen Lernprozess tragen die SUS an der Stelle besonders Rechung, wo sie selbst zum „Lehrer" werden. Im Partnergespräch wird ihnen klar, ob ihrer Darstellungen angemessen den Sachverhalt wiedergeben.

Das zu große unterschiedliche Lerntempo einzelner SUS soll in der heutigen Stunde durch die Angabe von Maximal-Zeiten für jeden Aufgabenteil aufgefangen werden. Dies spricht im ersten Moment dem Sinn eines Lerntempo-Duetts entgegen, ist aber meiner Erfahrung nach notwendig, um zu gewährleisten, dass die SUS konzentriert und zielgerichtet arbeiten. Die zeitlichen Obergenzen orientieren sich dabei an den schwächsten SUS. In einer Doppelstunde könnte eine solche Beschränkung entfallen, allerdings müßte man dann die Aufgabenzahl für die schnellen SUS erhöhen.

Um die Wartezeit vor der Partnerzusammensetzung zu nutzen, habe ich für die SUS eine kurze Evaluationsmöglichkeit ihrer Mind-Maps vorbereitet.

Die Reflektionsphase befasst sich inhaltlich bewußt nicht mit dem Text, sondern mit der Methode. Den SUS soll klar werden, warum diese Methode ihnen ihre Textarbeit erleichtern kann und das selbständige Arbeiten mehr fördert als andere Text-Lese-Methoden. Ich möchte in Zukunft auf diese Methode zurückgreifen und daher brauche ich die transparente Verankerung bei den SUS.

Inhaltlich wird der „USA Patriot Act" durch die Hausaufgabe und eine partnerschaftliche Kurz-Präsentation in der folgenden Stunde abgerundet. Dies reicht an dieser Stelle aus, da der Text hauptsächlich Bekanntes aufgreift, was die SUS zuvor in einer Bush-Rede erarbeitet haben. Die inhaltliche Auseinandersetzung geschieht zudem durch die Bearbeitung der Aufgaben in Partnerarbeit.

Für den Lehrer bleibt das Problem der inhaltlichen Überprüfung des Partneraustausches. Dies wird nur teilweise durch die Bearbeitung der Aufgaben zum Text abgedeckt, vor allem, da in dieser Stunde ein Vergleich der Antworten ausbleibt. Da der Kern der Stunde aber die Methode an sich ist, kann man meines Erachtens diese Komponente hier zunächst außer Acht lassen. Ich könnte mir aber durchaus vorstellen, dass ohne Reflexionsphase der Abschluß der Stunde in einer partnerschaftlichen Kurzpräsentation gelegen hätte. Dies wird nun in der folgenden Stunde umgesetzt.

5. Verlaufsplan

Phase	Unterrichtsgeschehen	Sozialform/ Medien	Zeit	didaktisch-methodischer Kommentar
Einstieg	- Begrüßung, Transparenz herstellen	- Lehrervortrag - Tafel	2	- SUS wird Unterrichtsgeschehen transparent gemacht, um höhere Aufmerksamkeit und Anknüpfung an Vorwissen zu erzielen
Hinführung	-Vergegenwärtigung des Ablaufs des Lerntempo-Duetts, Klärung von Fragen	- Lehrervortrag - Plenum	2	- während des Duetts sollte nach Möglichkeit selbständig gearbeitet werden, daher an dieser Stelle Raum zur Klärung von offenen Fragen, Stunde wird transparent strukturiert
Erarbeitungs- phase	- Ausführung des Lerntempo-Duetts: - SUS lesen ersten Text, machen Mind-Map o. Notizen - SUS situieren sich mit Partnern und stellen sich gegenseitig die jeweiligen Texte vor - SUS kehren zurück und lesen 2.Text - SUS erarbeiten mit neuen Partnern Aufgaben zum Text		30	- das Lerntempo-Duett unterstützt die SUS beim Verständnis eines nicht-fiktionalen, komplizierten Textes, indem der Text aufgeteilt wird und die separat erarbeiteten Abschnitte den Mitschülern visualisiert dargebracht werden. Die SUS lernen hierbei durch „Lehren" und kommen somit zu einem vertieften Verständnis des Textes. Die zufällige nach Lerntempo ausgerichtete Mischung der Paare sorgt für zusätzliche Motivation und Differenzierung
Evaluation der Methode	- SUS reflektieren über die Vor- und Nachteile der Methode	- EA - Plenum	10	- auf einer Meta-Ebene erarbeiten die SUS zunächst selbständig, dann im Plenum,die Vor- u. Nachteile der Methode. Diese Reflektion führt zu höherer Akzeptanz der Methode und „etabliert" diese bei den SUS
Hausaufgabe	- What do you think about the „USA Patriot Act" Write a comment.			- die SUS beziehen ausgehend von ihrem vertieften Verständnis des Textes Stellung und üben sich dabei im Kommentieren von nicht-fktionalen Texten

Literatur

- Anslinger, Patricia u.a. „Terrorism – A Global Threat? Schöningh, 2007

- Grieser-Kindel, Christin u.a. „Method Guide – Schüleraktivierende Methoden für den Englischunterricht in den Klassen 5-10", Schöningh, 2006

- MSWF NRW [Hrsg.]. "Richtlinien und Lehrpläne für die Sekundarstufe II in NRW – Gymnasium/Gesamtschule - Englisch", Ritterbach-Verlag, 1999

- Wahl, Diethelm. „Lernumgebungen erfolgreich gestalten", Klinkhardt, 2006

Anhang:

The USA Patriot Act – Tasks

Important: Please finish all work at 09:25 and come back to the classroom!

1. Write down a scenario (notes) in which the topics mentioned in the text could lead to injustice.
2. Think of a scenario in which the "USA Patriot Act" could help the fight against terrorism.
3. What do you think about the USA Patriot Act? Write a comment

While you wait...

Please analyze your mind-map / notes giving marks from 1-6 (good-bad)

_____   1 2 3 4 5 6

1. I have worked with visualizations (diagram, mind-map, arrows). ☐☐☐☐☐☐
2. I have used different colors. ☐☐☐☐☐☐
3. My notes helped / will help my partner to understand my ideas. ☐☐☐☐☐☐
4. I have not only used notes. ☐☐☐☐☐☐
5. I can understand my notes / mind-map at the first glance. ☐☐☐☐☐☐
6. I wrote in a readable handwriting ☐☐☐☐☐☐
7. My mind-map / notes do contribute aspects to my presentation ☐☐☐☐☐☐

If you think your mind-map / notes do not fit many of the points mentioned above quickly create a new one down below taking these points into account:

Erwartetes OHP – Bild:

Pace Duet

Advantages	Disadvantanges
Lots of free talking	takes longer because you have to wait for slower pupils
Easier to understand text	no idea how teacher will rate performance, is slow reading bad?
Faster reading of second text	no classroom interaction with the whole group
A lot of independent work	mind-map not needed for understanding of the text
Change of working teams	
Outside normal classroom